AF619726

# ÉLISE,

OU

*L'AMI COMME IL Y EN A PEU,*

## DRAME

EN TROIS ACTES, EN PROSE.

*Représenté sur le Théâtre de la ville de Montauban, en 1776, & sur plusieurs Théâtres de Sociétés.*

Par l'Auteur du LABOUREUR DEVENU GENTILHOMME, Comédie, Anecdote de Henri IV.

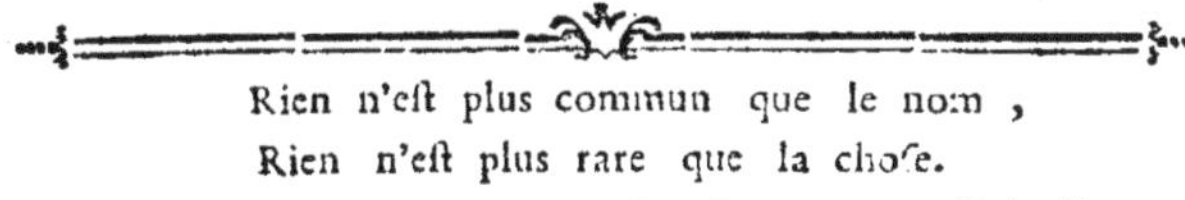

Rien n'est plus commun que le nom,
Rien n'est plus rare que la chose.

LA FONTAINE. *Fab. liv.* 4.

A AMSTERDAM,

*Et se trouve A PARIS,*

Chez MOUREAU, Libraire, rue Dauphine, près celle Christine, au Grand Voltaire.

1779.

# A MON AMI,

*C'est à toi, que j'aime par préférence, que je dédie cet Ouvrage. Le sujet en est tiré de l'*École des Amans; Conte premier, de la deuxieme Partie de mes Délassemens, ou Recueil choisi de Contes Moraux & Historiques, traduits de différentes langues, par Mademoiselle de Morville. *Je l'avoue, je n'ai presque fait que réduire en Scènes ce que cet aimable Auteur a traité en Contes. Le vif intérêt qui regne dans ce Conte du commencement à la fin, m'a paru susceptible du genre Dramatique, & devoir produire de l'effet au Théâtre. Le succès que ce Drame a eu sur les différents Théâtres où il a été représenté, pourrait flatter mon amour propre, si je pouvais le rapporter tout entier à moi-même. Heureux, toutefois, mon Ami, de pouvoir offrir à l'amitié un hommage avoué. Que nos Merveilleux du siécle, nos prétendus Philosophes, qui ne croyent ni aux douceurs* *de l'amour, ni aux charmes de l'amitié, me traitent, s'ils veulent, d'Esprit romanesque, peu m'importe; je n'ai écrit que d'après mon cœur, & comme dit* Piron, *dans sa* Métromanie :

> Il faut. . . . . . . . . . . . . . . . .
> Eprouver pour sentir, & sentir pour bien feindre.

*Il ne me reste plus qu'à desirer que ce Drame fasse autant de plaisir à la lecture, qu'il en a fait à la représentation; & j'aurai rempli mon but, si tu peux y reconnaître tes sentiments & ceux de ton Ami.*

# *ÆLISÆ*,

# DRAME

## *EN TROIS ACTES.*

## *PERSONNAGES.*

LE CHEVALIER LAURIS, *pere d'Elise.*

LE BARON DE VORMS.

ÉLISE, *Epouse du Baron, & crue femme du Lord.*

LE LORD DAMBY, *ami du Baron.*

FABRIDGE, *Valet d'Elise.*

FANNI, *Suivante d'Elise, & Gouvernante du petit Toni.*

TONI, *jeune enfant de 3 ou 4 ans, fils d'Elise & du Baron.*

*La Scène est à Londres.*

# ÉLISE,

OU

# L'AMI COMME IL Y EN A PEU.

*Le Théâtre repréſente un Sallon, avec la porte d'un Cabinet ſur les côtés.*

## ACTE PREMIER.

### SCENE PREMIERE.

FABRIDGE, *houſſant & rangeant dans le Sallon.*

VOILA bientôt quinze jours, je crois, que je ſuis ici, & je n'ai encore pu rien comprendre au train de cette maiſon ; dès que Myladi eſt retirée le ſoir dans ſon appartement, Mylord décampe auſſi-tôt, & ne revient que le lendemain matin.... Qu'eſt-ce que cela veut dire ? Voici l'heure qu'il va rentrer ; il faut lui tenir sa robe-de-chambre toute prête ... Bon ! elle est là sur ce fauteuil .... & tous les jours même cérémonie ! Il y a quelque chose là-dessous ... Ce sont pourtant les meilleurs Maîtres, & qui paraissent vivre tous deux en si bonne union. Doucement, ne jugeons point sur les apparences ; peut-être que .... Mais on vient.

## SCENE II.

LE LORD DAMBY, *en habit du matin*, FABRIDGE.

LE LORD.

C'est toi, Fabridge?

FABRIDGE.

Pour vous obéir, Mylord, je suis à ranger un peu dans ce sallon.

LE LORD.

Chut, parles bas, mon ami, ne fais point de bruit, & donnes-moi ma robe-de-chambre.

FABRIDGE.

La voici, Mylord.

LE LORD.

Hé bien, aides-moi donc un peu à la passer.

FABRIDGE.

Je me donne au diable, si l'on croyait à présent que vous venez de dehors.

LE LORD *souriant.*

Il n'y paraît pas.

FABRIDGE.

Ma foi, non, & j'y ferais moi-même trompé le premier, voyez-vous, si je n'étais au fait du mystere; mais je défie Madame votre épouse de jamais....

LE LORD.

Mon épouse, Fabridge, oui.... hé bien, fait-il jour chez elle?

FABRIDGE.

Pas encore, je pense, ni chez M. votre beau-pere.

LE LORD.

Oh! le Chevalier dort sûrement; il doit être las, fatigué....

FABRIDGE.

Oui, car il n'est arrivé d'Espagne qu'hier au soir, & il y a loin de ce pays-là ici. M. votre beau-pere, avec cela, est d'un certain âge, & puis la joie de revoir son gendre & sa chere fille, qu'il n'avait pas vue, sans doute, depuis long-temps, le plaisir d'embrasser son petit-fils... les caresses innocentes de cet enfant.... tout cela vous remue les entrailles d'un bon papa, &.... vous entendez.

LE LORD.

A merveille: as-tu bien-tôt mis ici tout à sa place?

FABRIDGE.

Oui, Mylord, voilà qui est fait.

LE LORD.

Montes à la chambre de la Gouvernante du petit Toni.

FABRIDGE.

Oh ! pour Mademoiselle Fanni, elle est éveillée, elle, car il me semble l'avoir déja entendu marcher.

LE LORD.

Qu'elle laisse reposer Toni, entends-tu ?

FABRIDGE.

Il est encore trop matin pour lever cet enfant.

LE LORD.

Sans doute ; mais pendant qu'il dort, dis à Fanni de descendre, & de venir ici me parler.

FABRIDGE.

J'y vais, Mylord. ( *à part.* ) Je ne puis rien apprendre ; on se cache de moi.

( *Il sort.* )

## SCENE III.

LE LORD *seul.*

Ce Valet est curieux ! .. ils le sont tous .... oui, le parti en est pris, il faut que je quitte ces lieux. .... abandonner Élise .... eh ! le puis-je ? n'importe, je le dois. Chaque jour, obligé de combattre une ancienne passion ; chaque jour je fais d'inutiles efforts pour déguiſer un feu qu'a rallumé dans mon ame la préſence d'un femme adorée, & dont je paſſe pour être ici l'époux aux yeux de ſon pere & de tous ... Moi, l'époux d'Éliſe! titre vain & cruel! quelle eût été ma félicité... Non, le bonheur n'eſt pas fait pour moi.... Sois donc contente, ô tendre amitié, des ſacrifices que je t'ai faits, & n'exiges plus rien d'un cœur trop agité.... Il faut partir, je ſens que ma vertu eſt prête à ſuccomber.

## SCENE IV.

### LE LORD, FANNI.

FANNI.

FABRIDGE m'a dit, Monſieur, que vous deſiriez me parler.

LE LORD.

Cela eſt vrai, ma chere Fanni; mais où eſt allé Fabridge?

FANNI.

En deſcendant, il eſt paſſé chez M. le Chevalier, qui vient de le ſonner.

LE LORD.

Le Chevalier eſt déjà éveillé!... vas, cours, Fanni, à l'appartement de Lady, de ma femme, & s'il eſt jour chez elle, prie-la de ſe rendre ici; j'ai mille choſes importantes à lui dire: vas vîte.

FANNI.

Elle ne tardera pas, car je la crois levée, & tenez, la voici elle-même.

---

## SCENE V.

ÉLISE, *en déshabillé du matin*, LE LORD, FANNI.

ÉLISE.

AH ! c'est vous, Lord : bon jour, mon bon ami.

LE LORD.

Bon jour, ma chere amie, comment avez-vous passé la nuit ?

ÉLISE.

Assez tranquillement, contre mon ordinaire : où alliez-vous, Fanni ?

FANNI.

Vous dire, Madame, que Monsieur avait quelque chose d'intéressant à vous communiquer.

ÉLISE.

D'intéressant ! dites-moi, comment mon fils a-t-il reposé cette nuit ?

FANNI.

Il dort encore, Madame.

ÉLISE.

Il faudra bientôt le lever : allez, j'irai dans un moment l'embrasser avec son bon papa : laissez-nous, Fanni. ( *Fanni sort.* )

## SCENE VI.

LE LORD, ÉLISE.

ÉLISE.

CHER Lord, qu'avez-vous à m'apprendre? Auriez-vous reçu des nouvelles du Baron, de mon époux? Parlez, qu'eſt-il devenu? que fait-il? eſt-il toujours dans les bras de Lady Worſter? Ah! pourvu qu'il vive, & qu'il ſoit heureux, n'importe à quel prix; ſes jours me ſeront toujours plus chers que les miens.

LE LORD.

Modérez ces tranſports, belle Éliſe; j'ai fait informer par-tout; mais je n'ai juſqu'à préſent pu rien découvrir encore touchant le ſort de mon ami.

ÉLISE.

Ah! s'il vivait, & qu'il m'aimât!... Mais j'oublie que je porte la douleur dans votre ame; je ſuis injuſte, je ne m'occupe, je ne parle que de moi, & j'abuſe de votre amitié. Que voulez-vous me dire?

LE LORD.

Pardonnez, chere amie, je connais toute la ſenſibilité de votre cœur; & je vais encore l'affliger par le parti que j'ai pris; mais enfin, c'eſt le ſeul qui puiſſe me tranquilliſer en l'état où je ſuis.

ÉLISE.

Comment?

LE LORD.

Je vous ai aimée, belle Élise : que dis-je ? ah ! je vous aime encore.... Hé bien, il faut nous séparer.

ÉLISE *vivement.*

Nous séparer, grand Dieu ! Que dites-vous, cruel ami : eh ! vous m'abandonnez !

LE LORD.

C'est à regret que j'ai pris cette funeste résolution ; mais elle est absolument nécessaire.

ÉLISE.

Cruel ami, eh ! vous m'abandonnez, dans quel temps encore ? au moment que j'ai le plus besoin de vous, lorsque mon pere arrive, & que, trompé par votre généreuse amitié, au lieu du Baron qui a encouru son indignation, il croit voir en vous mon époux.

LE LORD.

Eh ! voilà précisément ce qui m'éloigne de vous. Je me défie de moi-même ; je crains de ne pouvoir longtemps dissimuler aux yeux d'un vieillard, qui, jouissant d'un grand loisir, sera naturellement observateur, & dont l'oreille & la vue sans cesse attentives ne laisseront rien échapper.

ÉLISE.

Que pourrai-je dire moi-même au Chevalier, qui puisse dans son esprit justifier ce départ précipité, au moment qu'il arrive ? N'en sera-t-il pas justement étonné ? & qu'en pourra-t-il soupçonner ?

LE LORD.

Quel ſoupçon en pourrait-il avoir ? Au reſte, vous pourrez lui dire, ou, ſi vous voulez, je lui dirai moi-même qu'une affaire indiſpenſable, de la derniere conſéquence, m'oblige pour quelque temps de quitter Londres.

ÉLISE.

C'en eſt donc fait, je vous perds! mon fidele conſolateur, le ſeul ami qui me reſtât dans l'univers, dans le ſein duquel je pouvais en liberté épancher mon cœur, & en recevoir des conſeils ; je perds le Lord Damby ; mon infortune eſt au comble : épouſe, mere, amante, je ſuis abandonnée, eſt-il ſous le Ciel une ſituation plus affreuſe !

LE LORD.

Conſolez-vous, chere Éliſe, je vais, en m'éloignant de vous, redoubler mes recherches & mes ſoins pour ſçavoir le lieu où le Baron s'eſt refugié ; & ce ne ſera qu'en le ramenant à vos pieds, & lorſqu'il aura obtenu ſa grace, que vous pourrez, à votre tour, me pardonner les chagrins que mon abſence vous aura cauſés.

ÉLISE.

Mylord, au nom du Ciel, ne me raviſſez pas votre amitié ; dans tous les temps elle me ſera précieuſe. Je connais vos vertus, & je leur rends juſtice ; mais le cœur, vous le ſçavez, ne ſe donne qu'une fois. Victime d'un amour malheureux, & que je ne puis effacer, ſoutenez-moi contre les ennuis qui m'accablent ; je ſuis digne de votre pitié : j'ai été aveugle ;

oui, je devais vous choisir : votre ami n'a pas vos vertus, j'en suis assez punie ; mais c'en est fait, restez avec moi, n'abandonnez pas une infortunée, qui aura pour vous les sentimens les plus chers, excepté ceux de l'amour : ce dernier n'est plus en mon pouvoir.

LE LORD.

Que vous rendez la douleur intéressante, tendre amie ! qui pourrait résister à vos larmes ? Pourquoi voulez-vous me retenir ? vous n'avez que trop d'empire sur mon cœur & sur mon esprit : ignorez-vous tout ce qu'il m'en va coûter loin de vous ? mais songez en recevant mes adieux, que c'est pour assurer davantage votre tranquillité, la mienne, & pour ne rien perdre de votre estime.

ÉLISE.

Mon estime ? Ah ! quel mortel jamais en fut plus digne que vous ?

LE LORD.

Elle adoucit mon tourment ; conservez-la moi : vivez tranquille avec le Chevalier ; donnez vos momens à l'éducation de mon fils.... du petit Toni ; je l'appelle mon fils : ah ! j'ai vraiment pour lui les sentimens d'un pere ; les mêmes qu'a pour lui votre époux ; il ne peut vous échapper. Le cœur de l'homme est sujet à l'inconstance, il s'égare, il suit une lueur trompeuse ; mais, croyez-moi, cet éloignement est plutôt une erreur qu'une perfidie de la part de mon ami.

ELISE.

Ah ! Lord, vous cherchez à flatter ma tendresse, pour calmer ma douleur, & votre amitié trop complaisante vous rend aveugle sur l'amour du Baron.

LE LORD.

Non, il rentrera sous vos loix, je vous le jure : vous le verrez repentant & soumis.... Et pourrait-il oublier vos attraits, votre constance, vos vertus ? Non, je connais mon ami ; il est noble, généreux, sincere, mais trop facile ; & j'ose ici vous répondre de la bonté de son cœur : il rougira des désordres où il s'est aveuglément plongé.

ÉLISE.

Eh ! pourra-t-il jamais fléchir le Chevalier dont il s'est attiré le courroux ? vous sçavez, digne ami, quelle est l'humeur de mon pere : délicat sur le point d'honneur, aussi éloigné de la mollesse que de la rigueur ; jamais sévere, un peu brusque, à la vérité, mais toujours ferme & inébranlable, il ne revient point des premieres impressions qu'il a reçues, & rien au monde n'est capable de le détourner du parti que sa raison lui a montré comme le plus convenable : avec ce caractere, puis-je espérer ?...

LE LORD.

Le Chevalier est bon ; il ne résistera pas long-temps au repentir sincere de votre époux.

ÉLISE.

Mon pere vient, ô Ciel !

LE LORD.

Contraignons-nous en sa présence, & pour le préparer à recevoir mes adieux, parlez-lui de mon départ.

ÉLISE.

Je n'en aurai point la force.

LE LORD.

Je me charge donc de le lui annoncer.

---

## SCENE VII.

LE CHEVALIER LAURIS, *en robe-de-chambre*; LE LORD, ÉLISE.

LE CHEVALIER *à la Cantonnade*.

OUI, dans le sallon, entends-tu, Fabridge? Ah! bon jour, mes enfans : viens çà, ma fille, que je t'embrasse : votre Valet voulait m'apporter mon déjeûner dans mon appartement ; mais moi je n'aime point à être seul, & tout bonnement je lui ai dit de le servir ici, afin que nous déjeûnassions ensemble; car je pense bien que vous n'êtes pas plus avancés que moi, vous autres : hem! n'ai-je pas bien fait, mon gendre?

LE LORD.

Vous êtes chez vous, mon pere, ordonnez, disposez, tout ici vous appartient, & vos ordres seront exactement suivis en tout point.

LE CHEVALIER.

Bon ! c'eſt bien l'entendre ; car je vous avertis qu'à mon âge on n'aime point à ſe gêner, & ſi je croyais être ici de trop, tout en vous embraſſant, mes enfans, je vous dirais, ſerviteur : dame ! moi, voilà comme je ſuis fait.

ÉLISE.

Ne vous contraignez en rien, mon pere, je vous en prie ; vous nous déſobligeriez, à coup sûr, l'un & l'autre ; je vous réponds des ſentimens de mon époux ; ils ſont partie des miens.

LE CHEVALIER, *en frappant ſur l'épaule du Lord.*

Oh ! je connais mon Lord Damby ; & ſi je ne l'avais pas bien connu, je ne t'aurais pas marqué de le préférer à ton étourdi Baron de Worms ; mais c'eſt que j'étais bien sûr de la façon de penſer de celui-ci, vois-tu.

ÉLISE *au Lord.*

( *à part.* ) ( *haut.* )
Hélas ! mon ami, voulez-vous voir ſi Fabridge...

LE CHEVALIER *le retenant.*

Eh ! non, reſtez, je lui ai dit de le ſervir ici, vous dis-je ; touchez-là, mon gendre, vous êtes un brave homme, & ma fille a fait ſagement de s'en rapporter à mes conſeils.

ÉLISE.

Je me ferai toujours un devoir de les ſuivre.

LE CHEVALIER.

Crois-tu qu'un pere qui aime tendrement sa fille, lui en donne jamais de mauvais ?

ÉLISE.

Je ne le pense pas.

LE CHEVALIER.

A la bonne heure : je n'étais pas plus, si tu veux, lié d'intimité à Londres avec le Lord Damby qu'avec ce Baron de Worms que tu aimais tant...

LE LORD.

Le Baron a des qualités qui pouvaient lui mériter cette distinction de la part d'Élise.

LE CHEVALIER *d'un ton brusque.*

La mériter, lui ? rien de moins vrai : tu fus son ami, il est bien à toi de défendre sa cause : cela prouve ton bon cœur, & je t'en estime davantage ; mais du fond des Espagnes, où j'étais appellé pour mes affaires, j'étais instruit de votre conduite à tous deux, sans que vous vous en doutassiez peut-être.

ÉLISE.

Vous sçavez, mon pere que vous-même....

LE CHEVALIER.

Oui, ma fille, je sçais que moi-même, sur le récit que Madame de Véronne, ma sœur, m'avait fait dans ses lettres, du Baron, & de l'amitié que vous aviez pour lui, j'avais eu la faiblesse, pour ne pas dire l'imbécillité, de m'en remettre à votre choix ; mais un pere est un homme comme un autre, & par conséquent peut se tromper quelquefois.

ÉLISE.

Ma tante avait cru...

LE CHEVALIER.

Vraiment, & moi aussi je croyais faire bien en donnant mon consentement à cette union : parbleu ! j'aurais fait là une belle équipée ; cet étourdi aurait fait ton malheur & le mien. L'insensé, quand j'y pense, me faire quitter l'Espagne & revenir en Angleterre, pour cimenter son alliance avec toi ; & je l'avouerai moi-même, mon cœur se faisait déja par avance une fête de l'appeller mon fils... quoiqu'en secret pourtant il penchât plutôt vers le Lord.

LE LORD.

Je vous suis obligé, Monsieur... mon pere, des bonnes dispositions où vous êtes pour moi.

ÉLISE.

(*à part.*) (*haut.*)

Quel martyre ! Fabridge ne vient point servir le déjeûner.

LE CHEVALIER.

Eh ! ma fille, donnez le temps à ce Valet de l'apprêter. Point du tout, à peine suis-je arrivé, qu'on m'apprend son changement, & qu'on me dit qu'il est allé s'enterrer auprès d'une certaine Lady... Comment l'appellez-vous ? ah ! Lady Worster, oui, c'est-elle même : oh bien, qu'il s'y tienne, qu'il y reste ; je lui sçais gré aujourd'hui de l'affront qu'il m'a fait, & je le lui pardonne d'un grand cœur, à condition que je ne le reverrai jamais.

ÉLISE.

Jamais, mon pere ?

( *Fabridge entre & vient servir le thé.* )

LE CHEVALIER.

Oui, qu'avons-nous besoin de lui ? oh ! lorsqu'on m'a manqué une fois, cela ne m'arrive pas une seconde, voilà ce que j'ai de bon, moi ; & entre nous, je ne soupçonne pas même que la société d'un tel homme soit beaucoup à rechercher. Ah ! ah ! voici notre déjeûner prêt.

---

## SCENE VIII.

LES PRÉCÉDENS, FABRIDGE.

FABRIDGE.

VOUS êtes servis, Messieurs.

LE CHEVALIER.

Bon ! asseyons-nous.

FABRIDGE *au Lord.*

Mylord, voici une lettre qu'on vient tout-à-l'heure de me remettre pour vous.

LE LORD.

Qui te l'a donnée ?

FABRIDGE.

FABRIDGE.

Un inconnu, un homme vétu aſſez ſimplement; mais qui avait un air ſombre, avec une mine pâle, une mine là... qui...

ÉLISE *vivement.*

L'air ſombre ?.. Que veut-il donc dire ?

LE CHEVALIER.

Ne vas-tu pas t'allarmer, toi, avant de ſçavoir ce que cette lettre contient ? Voilà bien les femmes!

LE LORD *la décachetant.*

Voulez-vous bien me permettre, mon pere?..

LE CHEVALIER *verſant le thé.*

Sans doute : ne faut-il pas toujours que tu la liſes ? autant vaut ici, je crois, que là dedans. Déjeûnons, ma fille, cela ne doit rien empêcher.

ÉLISE, *après que le Lord a lu.*

Hé bien, qu'eſt-ce, mon ami?

LE LORD.

Oh! ce n'eſt rien, Madame, je ſçais, je ſçais; ſoyez tranquille, ma bonne amie, dans un moment je vous inſtruirai l'un & l'autre du contenu de cette lettre.

LE CHEVALIER.

Si elle ne renferme aucune fâcheuſe nouvelle?

LE LORD.

( *à part.* )

Aucune. Faiſons-la ſervir à annoncer mon départ.

LE CHEVALIER *contrefaiſant Fabridge.*

Peſte ſoit du butord qui vient là l'effrayer, avec ſa mine là... qui...

FABRIDGE.

Mais dame ! moi, Monsieur, je...

LE CHEVALIER.

Demandez-moi quel rapport cette lettre peut avoir avec la mine de l'homme qui l'a apportée ? Quoi, imbécile, ne veux-tu pas qu'il en ait une, dis, pâle ou vermeille, qu'importe ? Allons, mon gendre, prenez votre thé, il pourrait être froid : par-tout on ne voit que des étourdis ou des sots.

ÉLISE.

( *à part.* ) ( *haut.* )

Cette lettre m'inquiette. Je ne vous ai pas encore demandé, mon pere, comment vous aviez passé la nuit ?

LE CHEVALIER.

Je n'ai fait qu'un somme d'un bout à l'autre, & cette nuit-là m'a bien refait, je t'assure ; j'en avais besoin, car j'étais furieusement las & harrassé de mon voyage, & la peur que j'eus, quand je fus attaqué....

ELISE.

Vous fûtes attaqué ?

LE CHEVALIER.

Oui. Comment est-ce que je ne vous ai point conté hier ?.. après tout, cela se peut bien ; j'étais si fatigué : ma foi, je l'ai échappé belle. En traversant un bois, ma chaise fut arrêtée par deux coquins qui se présenterent à la portiere, le pistolet à la main, & je ne sçais, en vérité, comment je me serais débarrassé d'eux, ſans un fort honnête homme, qui ſe trouva-là bien à propos pour me ſauver la vie.

LE LORD.

O Ciel! connaîtriez-vous la perſonne à qui nous avons l'obligation de vous revoir?

LE CHEVALIER.

Non, je me rappelle bien de l'avoir vu quelque part, & je ne puis dire où. Après qu'il m'eut rendu ce ſervice ſignalé, je lui demandai ſon nom avec inſtance, mais il ne voulut jamais me le dire, & il diſparut.

ÉLISE.

Certes! j'en ſuis fâchée, mon pere, j'aurais bien déſiré connaître cet homme, pour lui témoigner tout l'excès de notre reconnaiſſance.

LE CHEVALIER.

J'avais auſſi voulu lui faire, avec mes remercîmens, quelques préſens honnêtes; car récompenſer les bonnes actions, c'eſt encourager à faire le bien... mais il me refuſa tout net... il ne paraiſſait pas cependant devoir être ſi glorieux.

LE LORD.

Nous avons déjeûné, Fabridge, deſſers tout cela, & ſors.

(*Fabridge ſort.*)

## SCENE IX.

LE CHEVALIER, LE LORD, ÉLISE.

ÉLISE.

*( au Lord.)*

PARDON, mon pere, mais permettez. De grace, mon bon ami, apprenez-moi ce que cette lettre peut vous marquer ?

LE LORD.

Ne vous allarmez point, vous dis-je ; tenez, voici ce que c'eſt : vous ſçavez que j'ai placé une ſomme aſſez conſidérable ſur des vaiſſeaux qui allaient à nos Colonies ...

ÉLISE.

Hé bien ?

LE LORD.

Hé bien, c'eſt cela même dont il s'agit ici : on me mande que ſi je puis me tranſplanter en ces pays-là, ma préſence y eſt néceſſaire pour le bien de mes affaires.

ÉLISE *feignant de le croire.*

C'eſt cela ?

LE CHEVALIER.

Comment diable ! te tranſporter aux Iſles ?

ÉLISE *( à part. )*

Damby m'en impoſe, ainſi qu'à mon pere.

LE CHEVALIER.

Eh ! quelle eſt votre réſolution, mon gendre ?

LE LORD.

De m'embarquer dès demain, ſi je puis, mon pere ; & je vous prierai même de me permettre de préparer tout aujourd'hui pour cette expédition.

LE CHEVALIER.

Toi, partir demain pour aller aux Iſles ; y penſes-tu ?

LE LORD.

Il y a long-temps que je ſçavais qu'il faudrait en venir-là... je ne jouirai pas, autant que je l'aurais déſiré, du plaiſir de vous voir : je ſuis fâché du contre-temps ; mais ce qui me conſole, c'eſt que vous ſoyiez ici, & que je puis être tranquille ſur le ſort de... de mon épouſe & de mon fils, puiſque je les laiſſe tous deux en vos mains ; je vous les recommanderais, s'il en était beſoin auprès de vous.

LE CHEVALIER.

Mais, mais je ne conçois rien à cet embarquement-là, moi.

ÉLISE.

Ni moi.

LE LORD.

Quand les affaires commandent, on doit ſe ſacrifier pour elles.

LE CHEVALIER.

D'accord, & lorſqu'elles ne peuvent ſe différer : Pardi ! celui-là eſt bien ſingulier.

ÉLISE (*à part.*)

Mon pere a peine à croire le motif de ce départ.

LE LORD.

Il m'en coûte à m'éloigner d'ici sûrement ; mais il le faut... Que faites-vous aujourd'hui, ma chere amie?

ÉLISE.

Je m'étais proposé d'aller, si vous le voulez, dîner, avec mon pere, chez Mylord Axminster.

LE CHEVALIER.

Chez Mylord Axminster, mon vieil ami, mon ancien camarade ? Parbleu ! je le veux bien, moi, il y a long-temps que nous ne nous sommes vus, & je serai ravi de renouer connaissance... Mais aller aux Isles... au diable soit la lettre & celui qui l'a apportée ! Mon gendre, viendrez-vous avec nous ?

LE LORD.

Je ne vous le promets pas, mais je ferai mon possible ; je vais passer dans mon cabinet, pour m'habiller & répondre à cette lettre, avant que de partir : je suis au désespoir, & je vous fais bien des excuses de vous quitter ainsi.

( *Il sort.* )

## SCENE X.

### LE CHEVALIER, ÉLISE.

( *Ils ſont quelque temps ſans parler.* )

LE CHEVALIER.

VOUS ne me dites rien, ma fille : que penſez-vous de ce départ précipité ?

ÉLISE.

Il m'afflige aſſez.

LE CHEVALIER.

Quoi ! lorſque j'arrive, partir pour les Colonies ? cela n'eſt pas bien à lui ; & mon gendre devrait, ce me ſemble, par honnêteté pour moi, différer de quelques jours au moins. Lady, parlez-moi librement ; ( *à voix baſſe.* ) votre époux n'aurait-il pas plutôt quelque mauvaiſe affaire ? ... cela ſe pourrait bien, car il m'a paru aujourd'hui rêveur, inquiet . . . toi-même, tu étais auſſi agitée que lui en me parlant.

ÉLISE.

Quelque mauvaiſe affaire ? je le ſçaurais, mon pere, & je ne le penſe pas.

LE CHEVALIER.

A la bonne heure ; mais quel diable auſſi ! on n'a jamais rien vu de ſemblable à cela : j'arrive, & il part, je n'en reviens point, quant à moi ... franchement, dis-moi, eſt-ce que ma préſence....

ÉLISE *vivement.*

Ah ! que soupçonnez-vous ? vous lui feriez tort de le penser : le pere de ce qu'il aime, de sa femme, est aussi cher à mon époux qu'à moi-même.

LE CHEVALIER.

Allons, soit, n'en parlons plus : je vais m'habiller, pour aller chez notre vieux Mylord ; toi, tu vas te mettre à ta toilette ? . . .

ÉLISE.

Oui ; mais, mon pere, ne voulez-vous pas que nous allions dire bon jour à mon fils ?

LE CHEVALIER.

Au petit Toni ? si fait : Il est tout-à-fait gentil, cet enfant-là ; c'est tout ton portrait ; viens, menes-moi à sa chambre.

ÉLISE.

C'est par ici ; je vais vous y conduire.

LE CHEVALIER.

( *à part.* )

Ce départ m'est suspect, & j'en veux pénétrer la raison. ( *haut.* ) Allons, ma fille, allons embrasser Toni.

*Fin du premier Acte.*

# ACTE II.

## SCENE PREMIERE.

LE LORD, *en habit de ville, une lettre à la main.*

C'EST bien à moi que cette lettre s'adresse ? oui, *au Lord Damby* : l'écriture cependant m'en est absolument inconnue, & le style tout-à-fait énigmatique. Quoi qu'il en soit, j'ai bien fait de la cacher à Élise ; elle pourrait être justement allarmée de ce qu'elle contient : crainte d'erreur, relisons-la encore une fois : ( *il lit.* ) » La personne qui vous écrit, Mylord, vous prie de vous » trouver seul chez vous, cet après-dîner, sur les qua- » tre ou cinq heures : elle désire avoir de votre bouche » l'aveu sincere d'un fait qui l'intéresse très-vivement : » soyez exact, n'y manquez pas ». Il n'y a point de nom ; il faut voir ce que c'est. Pour jouir ici d'une plus grande liberté, j'ai recommandé à Fabridge de dire au Chevalier & à Élise que j'étais déja sorti, & que je ne rentrerais que sur le soir : Fabridge doit m'avertir aussi quand l'Anonyme viendra.... J'entends quelqu'un, retirons-nous. (*Il sort.*)

## SCENE II.

FABRIDGE, FANNI *portant quelqu'ajustement de femme sur son bras.*

FABRIDGE.

Doucement donc, Mademoiselle Fanni, vous passez bien vîte.

FANNI.

C'est que je suis pressée, M. Fabridge : Madame m'attend, & le petit Toni est auprès d'elle.

FABRIDGE.

Hé bien, tant mieux, il est auprès de sa maman ; vous devez être tranquille, & nous pouvons causer un petit moment ensemble.

FANNI.

Je n'aime point à causer, M. Fabridge, & je n'en ai point le temps.

FABRIDGE.

Ni moi non plus assurément ; mais il est cependant nécessaire que nous ayons un quart-d'heure d'entretien.

FANNI.

Je n'en vois point la nécessité, M. Fabridge.

FABRIDGE.

Pardonnez-moi, Mademoiselle Fanni, & tenez ;

faites-moi le plaiſir de m'entendre : nous ſervons tous deux ici ; je ſuis garçon, vous n'êtes pas en puiſſance de mari ?

FANNI.

Juſquà préſent, non, grace au Ciel !

FABRIDGE.

Hé bien, on ne ſçait pas quelquefois ce qui peut arriver ; & ſi je deſire obtenir de vous quelques petites confidences, c'eſt pour nous réunir, & ſoutenir mieux enſemble les intérêts de nos Maîtres : pour cela il faudrait ſçavoir ....

FANNI.

Vous voudriez ſçavoir, M. Fabridge ! vraiment c'était auſſi le défaut de celui dont vous avez pris la place : cet homme était curieux ; mais ſi curieux . . .

FABRIDGE.

Cela ne doit point vous ſurprendre, Mademoiſelle Fanni : eh ! qui ne ſerait étonné comme moi de ce qui ſe paſſe dans cette maiſon ?

FANNI.

Tout curieux eſt naturellement bavard.

FABRIDGE.

Oh ! par exemple, on ne me reprochera pas ce défaut-là ; je ſçais, Dieu merci, contenir ma langue.

FANNI.

Tant mieux pour vous, M. Fabridge, je le crois ; mais, moi, je n'ai qu'un mot à vous dire : votre prédéceſſeur s'eſt fait chaſſer au bout de ſix ſemaines, par ſa trop grande curioſité, & n'a rien ſçu. Adieu, M. Fabridge : cet avertiſſement en vaut deux.

( *Elle ſort, en lui faiſant la révérence.* )

## SCENE III.

FABRIDGE *ſeul.*

C'EST-A-DIRE qu'il m'en pend autant à l'oreille, à moi : hé bien, voilà la premiere femme que je connaiſſe qui ſçache ſe taire, ou le diable m'emporte.... & je n'en ai que plus d'envie d'apprendre ce qu'on me cache : Mademoiſelle Fanni fait la myſtérieuſe & la réſervée ; peut-être auſſi dans le fond ne ſçait-elle rien, car il n'eſt pas, ce me ſemble, naturel qu'une femme....

## SCENE IV.

LE CHEVALIER *en habit de ville*, FABRIDGE.

LE CHEVALIER ( *à part.* )

BON ! voici Fabridge : en attendant que ma fille ait fini ſa toilette, faiſons un peu jaſer ce garçon. ( *haut.* ) Où vas-tu donc, Fabridge ?

FABRIDGE *qui ſe retirait.*

Par reſpect, Monſieur, j'allais....

LE CHEVALIER.

Non, demeure : viens-çà me parler : le Lord, mon gendre, eſt-il ſorti ?

FABRIDGE.

Oui, M. le Chevalier ; il m'a même enjoint de vous dire qu'il ne rentrerait que vers le ſoir.

LE CHEVALIER.

Fabridge, tu me parais être un bon enfant !

FABRIDGE.

Fort à votre ſervice, M. le Chevalier. ( *à part.* ) où en veut-il venir ?

LE CHEVALIER.

Il faut que je te donne pour boire à ma ſanté.

FABRIDGE.

Comme il n'y a pas long-temps que vous êtes ici, Monſieur, je n'ai pas encore pu avoir cet honneur ; mais je n'y manquerai pas, je vous jure ; & je ne ſuis point fâché, parce que j'ai quelquefois la mémoire un peu courte, que vous me donniez, comme cela, de temps à autre, de quoi m'en faire reſſouvenir.

LE CHEVALIER.

Fort bien. Dis-moi un peu : y a-t-il long-temps que tu es au ſervice du Lord ?

FABRIDGE.

Depuis à peu près quinze jours.

LE CHEVALIER.

Quinze jours ? ( *à part.* ) Peſte ! ce n'eſt point-là mon compte, & ma curioſité ne pourra être pleinement satisfaite : n'importe, tirons de lui ce que nous pourrons.

FABRIDGE (*à part.*)

Il me paraît que M. le Chevalier est aussi curieux ; mais il sera bien surpris de n'en pas sçavoir plus que moi.

LE CHEVALIER.

Diable ! tu es bien nouveau dans cette maison : hé bien, quoiqu'il y ait fort peu de temps que tu serves mon gendre, tu vois toujours à peu près comment il se comporte avec ma fille ?

FABRIDGE.

Ce sont tous deux de bien bons maîtres, sans contredi..

LE CHEVALIER.

Paraissent-ils bien s'aimer l'un & l'autre ? car c'est l'amitié mutuelle qui fait subsister la bonne union dans un ménage, & voilà près de quatre ans qu'ils sont mariés.

FABRIDGE.

Oh ! pour Madame votre fille, je croirais assez qu'elle aimerait bien son époux, elle . . .

LE CHEVALIER *l'interrompant.*

Mais lui ne l'aime pas autant, n'est ce pas ?

FABRIDGE.

Je n'assure point cela.

LE CHEVALIER.

Si fait, & j'ai bien vu, moi, qu'il avait tantôt un

air froid & contraint vis-à-vis d'elle. Mon Lord a vu le grand monde, & il a le talent d'être faux & perfide comme lui.

FABRIDGE.

Oh ! si vous sçaviez, Monsieur... mais non, il faut être discret.

LE CHEVALIER.

Parles, dis toujours.

FABRIDGE, *allant au fond du théâtre.*

Non, je me retire, j'ai peur qu'on ne nous écoute.

LE CHEVALIER.

Restes, il n'y a personne : hé bien, Fabridge ?..

FABRIDGE.

Hé bien, M. le Chevalier... mais vous me trahirez, peut-être ?

LE CHEVALIER.

Ne crains rien, & compte sur mes largesses.

FABRIDGE.

Ce que je vais vous dire au moins, Monsieur, n'est que par l'affection que j'ai pour Madame, & par reconnaissance pour...

LE CHEVALIER *avec impatience.*

Je le crois ; mais finis donc.

FABRIDGE *allant encore au fond du théâtre.*

Attendez.

LE CHEVALIER.

Quelle patience il faut avoir.

FABRIDGE.

C'eſt que j'aime à être ſur mes gardes.

LE CHEVALIER *avec humeur.*

Allons au fait.

FABRIDGE.

Soyez ſecret, au moins, car vous me feriez chaſſer. Vous ſçaurez donc, Monſieur, que tous les ſoirs, lorſque Lady eſt retirée dans ſon appartement après ſouper, Mylord s'eſquive auſſi-tôt le plus ſecretement du monde, & ne rentre que le lendemain matin.

LE CHEVALIER.

Que me dis-tu là, Fabridge ?

FABRIDGE.

La vérité, foi d'honnête garçon : je ſuis curieux, cela peut-être, mais point menteur : & pour mieux abuſer Madame votre fille, & chacun ainſi que vous, d'abord que Mylord revient le lendemain matin, comme je vous dis, il reprend ſur-le-champ ſa robe-de-chambre, paraît, & fait de même que s'il ne fût point effectivement ſorti de chez lui.

LE CHEVALIER.

( *à part.* )

Ouais ! je ne me ſerais point attendu à celui-là, par exemple. ( *haut.* ) Et Lady ignore ſans doute tout ce manége-là ?

FABRIDGE.

Il n'y a pas d'apparence qu'elle en ſoit inſtruite.

LE CHEVALIER.

LE CHEVALIER.

Cela arrive tous les jours ? Mais ſçais-tu où va mon gendre pendant la nuit ?

FABRIDGE.

Non, M. le Chevalier, il ne veut pas qu'on le ſuive.

LE CHEVALIER.

Ah ! ah ! Fanni eſt plus ancienne que toi dans cette maiſon : cette fille doit être sûrement au fait du myſtere ?

FABRIDGE.

Je ne ſçais pas.

LE CHEVALIER.

Comment ! c'eſt que tu t'y prends mal ; tu aurais bien dû.... là, adroitement, en homme curieux, & qui ſçait ſon métier, lui . . .

FABRIDGE.

Vraiment, j'ai déjà voulu auſſi la ſonder un peu ſur tout cela ; mais cette fille eſt autrement bâtie, je crois, que toutes les autres de ſon eſpece, car elle ne jaſe ni ne médit de ſes Maîtres, & un ſecret lui reſte. Ce n'eſt point ma faute, comme vous voyez ; mais on pourrait venir ?

LE CHEVALIER.

Oui, tu as raiſon ; c'en eſt aſſez, mon ami ; vas, retire-toi, & quand les chevaux ſeront mis, tu reviendras nous le dire.

FABRIDGE.

J'y vais : (*il va & revient*) ſur-tout ne me vendez point,

M. le Chevalier, je vous en prie; la peste! ceci devient très-sérieux au moins.

LE CHEVALIER.

N'aies pas peur, te dis-je.

(*Fabridge sort.*)

---

## SCENE V.

LE CHEVALIER *seul.*

VOILA donc la conduite du Lord avec ma fille! elle est vraiment édifiante : la pauvre enfant, que je la plains! Qui m'en eût appris autant de ce fou de Baron, ne m'aurait point étonné; mais de lui, de lui... j'en aurais répondu sur ma tête : hé bien donc, à qui se fier désormais?.. les hommes sont des monstres qu'il faut fuir... & ce prompt départ!.. oh! je me doutais bien qu'il y avait du mystere dans tout ceci; un pere a de bons yeux... Élise ne serait-elle point aussi la cause du dérangement de son époux?... pénétrons cela... oui, la jalousie quelquefois peut... mais elle vient.

## SCENE VI.

LE CHEVALIER, ÉLISE *parée.*

ÉLISE.

FANNI vient de me dire, mon pere, que le Lord était déja sorti.

LE CHEVALIER (*sur le ton de l'ironie qu'il conserve pendant toute la Scène.*)

Oui, je le sçais; selon toute apparence, votre mari n'aime gueres plus à se trouver en ma compagnie qu'en la vôtre ?

ÉLISE.

Qu'en la mienne ? J'ignore si mon époux s'en est plaint quelquefois.

LE CHEVALIER.

Vraiment, vous ne vous plaignez point non plus de la sienne, vous ?

ÉLISE.

Jamais, mon pere.

LE CHEVALIER.

Je le crois bien... & vous êtes bien sûre aussi qu'il vous aime ?

ÉLISE.

J'ôse m'en flatter, puisqu'il me le dit.

LE CHEVALIER.

Ah ! puiſqu'il vous le dit.

ÉLISE.

Aſſez ſouvent même ; mais puis-je ?...

LE CHEVALIER.

Eh ! répondez, ma fille, à ce que je vous demande? Le Lord ne ſerait-il pas un peu jaloux ?

ÉLISE.

J'évite de lui en donner ſujet : une femme vertueuſe, & qui ſe reſpecte, fuit autant le ſoupçon du blâme, que l'éclat du déshonneur ; la moindre ſuſpicion eſt pour elle une offenſe aux yeux de ſon mari, & de tous, c'eſt déja trop que de la ſoupçonner.

LE CHEVALIER.

Fort bien : le Lord, de ſon côté, vous laiſſe vivre, ſans doute, en toute liberté ?

ÉLISE.

Je n'en abuſe point, mon pere ; je ſçais ce que je dois à mon époux & à moi-même : Mylord me connaît, & il ſe repoſe ſur mes ſentimens, comme moi ſur les ſiens.

LE CHEVALIER.

Sur les ſiens : oui, oui .... il n'a pas pour vous rien abſolument de caché ?

ÉLISE.

Je ne le penſe point ; mais voilà des queſtions...

LE CHEVALIER.

Des queſtions qui vous paraiſſent bien extraordinaires, ma fille, avouez ?

ÉLISE, *avec ſentiment.*

Aſſurément : ah ! mon pere, douteriez-vous de l'amour du Lord, ou de mon amitié pour lui ? Si vous connaiſſiez, comme moi, toutes les qualités de ſon cœur généreux, toutes ſes vertus ; ſi vous ſçaviez combien ſon ame eſt noble & belle, rendant juſtice à mon peu de mérite, vous ne jugeriez par votre fille digne de poſſéder ce mortel eſtimable : ſon éloge ne peut être outré ni ſuſpect dans ma bouche ; mais je vois en lui un époux, un amant, & l'ami le plus ſincere : c'eſt vraiment un homme comme il y en a peu.

LE CHEVALIER (*à part.*)

Ma foi, je m'y perds à mon tour : tout ce qu'elle me dit-là ne s'accorde cependant point avec ce qu'on m'a appris. (*haut.*) Oui, le Lord t'aime, & il te quitte pour aller aux Iſles, car j'en reviendrai toujours-là, auſſi, moi ?

ÉLISE.

(*à part.*) (*haut.*)

Que lui dire ! Il faut ſans doute qu'il y ſoit néceſſairement forcé, car je connais trop bien...

## SCENE VII.

LE CHEVALIER, ÉLISE, FABRIDGE.

FABRIDGE.

MONSIEUR & Madame, quand vous voudrez sortir, votre équipage est-là tout prêt.

LE CHEVALIER.

Oui ? Allons, ma fille, je vais vous donner la main.

ÉLISE (*à part.*)

De mille craintes à la fois mon cœur est agité.

LE ~~LORD~~, Chevalier.

Je veux absolument que mon gendre differe un voyage aussi précipité..... (*Ils sortent.*)

## SCENE VIII.

FABRIDGE *seul, tenant l'argent que le Chevalier lui a donné.*

LA curiosité est, dit-on, un défaut, cela se peut ; mais c'est du moins un bon défaut que celui-là, puisque l'on gagne à s'instruire soi-même, & à instruire les autres. Le Chevalier ne débute pas mal... le moyen d'être discret avec lui ! & quel profit nous ferions, si cette mystérieuse Fanni voulait cesser de l'être. Oh ! je ne suis pas femme ; mais il m'est aussi impossible, à moi, de me taire, quand je vois ce doux métal .... (*au Baron qui entre.*) Que souhaitez-vous, Monsieur? qui demandez-vous?

## SCENE IX.

LE BARON DE VORMS *vétu simplement*, FABRIDGE.

LE BARON.

Le Lord Damby.

FABRIDGE.

C'est ici: que lui voulez-vous? il n'y est point.

LE BARON.

N'est-ce pas son épouse que je viens de voir monter en voiture?

FABRIDGE.

C'est elle-même. Pourquoi?

LE BARON.

Pour rien; il suffit. Allez dire à votre Maître, qui doit m'attendre, que je suis arrivé.

FABRIDGE *va & revient.*

Vous avez donc quelqu'affaire ensemble?

LE BARON.

Que vous importe! allez toujours.

FABRIDGE *de même.*

Et votre nom?

LE BARON.

Mon nom ?

FABRIDGE.

Oui, pour vous annoncer.

LE BARON.

Dites-lui que c'eſt moi qui ſuis venu tantôt....

FABRIDGE.

Ah! je vous remets à préſent : vous êtes l'homme de la lettre de ce matin n'eſt-ce pas ?... oui, oui : hé bien, cela eſt différent, il y eſt pour vous ; reſtez, je vais le lui dire. (*Il ſort.*)

LE BARON *ſeul.*

Qu'ai-je vu ? c'eſt elle, c'eſt Éliſe... Dieu ! qu'elle eſt belle !

---

## SCENE X.

LE BARON, FANNI, *ramenant le petit Toni.*

FANNI.

ALLONS, venez, Toni, dire bon jour à votre bon papa; mais je me trompe, ce n'eſt pas lui que je vois.

TONI.

Non, ma Bonne, mon papa eſt ſorti avec maman.

LE BARON (*à part.*)

Quel objet !

FANNI *au Baron.*

Monſieur demande quelqu'un, & Fabridge ſans doute ſçait que vous êtes ici ?

LE BARON.

Oui, Mademoiſelle, on eſt allé m'annoncer.

FANNI.

Allons, mon petit ami, remontons là haut ; mais faites donc ſerviteur à Monſieur.

TONI.

Adieu, Monſieur.

( *Elle ſort avec l'enfant.* )

---

## SCENE XI.

LE BARON *ſeul.*

Tout ce que je vois ici ranime ma fureur : Eliſe.... cet enfant.... fils du Lord Damby, de mon ami.... il ne le fut jamais, & je maudis mille fois le jour où j'ai connu un cœur auſſi perfide : que dis-je ? je m'abhorre moi-même. Éliſe.... ma femme épouſe du Lord !... tu t'es vengée à juſte titre, j'ai mérité mon ſort ; mais je te croyais auſſi plus généreuſe : des larmes coulent de mes yeux.... Je ſuis coupable, ſans doute, oui; mais tremblez, ingrats, je reſpire, tremblez : les ſerpens de la jalouſie ſifflent & déchirent mon ame... le traître paraît, contraignons-nous un peu.

## SCENE XII.

LE LORD, LE BARON, *son chapeau enfoncé sur les yeux*, FABRIDGE.

LE LORD.

Vas, laisse-nous, Fabridge, retire-toi.

FABRIDGE.

Mais, Mylord, si cet homme.....

LE LORD.

Sors, te dis-je, & si l'on vient, je n'y suis pour personne.

FABRIDGE.

J'obéis.

*Il sort à un second signe plus imposant, que lui fait le Lord.*

## SCENE XIII.

LE LORD, LE BARON, *dans l'attitude d'un homme pensif.*

LE LORD.

Nous sommes seuls : puis-je sçavoir, Monsieur, le motif de votre visite ?

LE BARON.

C'est à l'époux d'Élise que je m'adresse, je pense ?

LE LORD.

A lui-même. ( *à part.*) Quel ſon de voix!

LE BARON.

C'eſt au pere du jeune Toni ?

LE LORD.

Pourquoi me demandez-vous cela ? oui, Monſieur, c'eſt moi.

LE BARON (*ſe découvrant, & mettant la main ſur la garde de ſon épée.*

Ah! c'eſt aſſez, je n'en veux point davantage : traître, cet aveu eſt l'arrêt de ta mort ; viens, ſors, & reconnais celui que tu as ſi lâchement trahi.

LE LORD *vivement.*

C'eſt vous, Baron, quoi, c'eſt vous, mon ami?

LE BARON, *le repouſſant.*

Ton ami, moi, je veux t'arracher la vie, ou périr ſous tes coups : ſors, te dis-je.

LE LORD *avec tranquillité.*

Vos jours ſont en ſûreté, Baron : je ne ſuis ni traître ni lâche; mais s'il faut une victime à votre reſſentiment, frappez, percez ce cœur que vous avez méconnu, & que vous outragez; ſa vie ſera du moins le dernier ſacrifice qu'il fera encore à l'amour & à l'amitié.

LE BARON.

Ce mot déſarme ma fureur : ingrat que vous êtes! ôſez-vous ſeulement prononcer le nom de l'amitié ? qu'eſt devenu pour vous ce nom ſi ſaint, ſi vénérable ? J'ai été faible, inconſtant, entraîné par une paſſion violente ; mais vous, vous avez été perfide ; vous avez manqué aux engagemens les plus sacrés : plus j'étais malheureux, plus vous deviez avoir pitié de ma faiblesse, & vous me ravissez le seul trésor où s'attachait mon être ; vous m'enlevez ma femme, vous profitez de ma faute pour la conduire à l'infidélité. Parlez, de quel œil dois-je vous regarder ; était-ce là ce que je devais attendre de vous ? le Ciel m'en est témoin, si Élise eût fait tomber son choix sur vous, ce choix m'aurait été respectable ; & si vous eussiez suivi l'erreur, où je me suis malheureusement abandonné, j'aurais veillé moi-même sur le dépôt précieux où se serait arrêté votre cœur.

LE LORD.

Baron, vous me croyez donc coupable ?

LE BARON.

A tel point que... mais non, je laisse aux remords....

LE LORD, *lui pressant la main contre son cœur.*

Je n'en connais point : j'ai fait ce que vous dites : oui, mon ami, je l'ai fait, & vous pouvez, sans défiance, embrasser votre épouse & votre fils.

LE BARON.

Quoi !... que dites-vous ? mon fils... serait-il possible ?

LE LORD

Je n'ai pris le titre d'époux & de pere, que pour sauver leur honneur ; je n'en ai que le nom, & vos titres sont toujours les mêmes ; aucun acte, soit public, soit particulier ne les a violés. Depuis votre départ, n'ayant de vous aucunes nouvelles, j'ai été le protecteur de l'innocence d'Élise, le témoin de sa fidélité, le confident & le consolateur de ses peines....Je ne vous parle point de ma probité; je croirais, à mon tour, vous faire un outrage, & mon témoignage doit vous suffire.

LE BARON.

Qu'ai-je entendu? ah! Ciel, je suis un monstre: j'ai perdu tout sentiment d'honneur, puisque j'ai pu soupçonner mon ami... que dis-je? non, mon cœur me soutenait qu'il y avait quelque mystere étrange dans cet événement: non, je ne le croyais point; je rougissais de penser que le Lord Damby eût peu céder un instant, je ne dis pas à la trahison, mais à la faiblesse humaine. Lord, tu es trop grand, trop élevé au-dessus de nous, & ma seule vertu est de te connaître & de t'admirer: ma gloire est de m'humilier devant toi.

(*Il veut se jetter aux genoux du Lord qui l'en empêche.*)

LE LORD.

Arrêtez, que voulez-vous faire, Baron?

LE BARON *à genoux.*

Ne m'appelles plus ton ami; je ne suis pas digne de ce nom.

LE LORD.

Relevez-vous, mon ami, relevez-vous.

LE BARON.

A quelle férocité, à quels excès criminels me suis-je livré? j'ai pu en vouloir à ta vie.

LE LORD.

Je l'avais oublié.

LE BARON.

Tant de générosité m'accable, me confond! comment puis-je seulement soutenir ta présence? mais dis-moi, cher ami... ah! pardonnes...

LE LORD *l'embrassant.*

Appelles-moi toujours ainsi, je le veux.

LE BARON.

Élise est-elle encore la même?.. Élise ne me verra-t-elle pas avec horreur? L'enchaînement de mes perfidies a dû lasser sa constance : jai été cruel, injuste à son égard comme envers toi; il est un terme à la patience comme à la vertu, & il est des cas où cette derniere ne doit plus pardonner.

LE LORD.

Le pere de votre femme est ici.

LE BARON.

Hélas! je l'ai également offensé.

LE LORD.

Le Chevalier me croit l'époux de sa fille; cette illusion le rend tranquille : il faut amener adroitement l'occasion de vous faire reconnaître de lui : je préviendrai d'abord votre épouse, & je lui annoncerai votre arrivée.

LE BARON.

Cher ami... Élise m'aime-t-elle encore?

LE LORD.

Si elle vous aime ? ah ! mon ami, ſi vous ſçaviez tout ce qu'elle a fait pour vous, & comme elle vous regrette.

LE BARON.

Elle me regrette ?

LE LORD.

Je vous réponds de ſon cœur, & votre préſence vient rendre à mon ame un calme après lequel elle ſoupirait : le même amour qui vous embrâſe me conſume toujours, & charmé du retour du Chevalier, je devais demain quitter ces lieux ; oui, j'abandonnais Éliſe, pour tâcher, par l'abſence, de vaincre une flamme obſtinée, & pour vous chercher en quelques climats que le ſort vous eût conduit.

LE BARON.

Vous partiez pour me chercher ?

LE LORD.

Oui ; mais en revoyant mon ami, je ne ſens plus que l'amitié ; ſa pure flamme devient pour moi le gage de la paix ; les ſacrifices que je lui offre, loin de me ſembler cruels, me cauſent une joie que je ne puis rendre.

LE BARON.

Ah ! digne ami, je ne puis ſuffire à mon raviſſement, & les termes me manquent.

LE LORD.

Venez, Baron : Élise & le Chevalier vont bientôt rentrer ; préparez-vous à paraître à leurs yeux.

LE BARON.

Allons, cher Lord, sois mon appui, sois mon médiateur, mon interprete ; je m'abandonne à toi : Ciel ! tu me rends le cœur de mon ami ; rends-moi aussi celui de mon épouse, & permets-moi de fléchir son pere.

*Fin du second Acte.*

ACTE III.

# ACTE III.

## SCENE PREMIERE.

FABRIDGE *seul.*

QU'EST devenu mon homme ? Je ne sçais où diable il a passé . . . il faut qu'il soit encore ici, car j'ai fait le guet, & je ne l'ai point vu sortir : si j'avais pu tantôt écouter leur conversation, je sçaurais . . . oui ; mais je craignais d'être surpris . . . être à la fois curieux & peureux ! . . . La timidité ne conduit à rien, avec elle l'honnête homme reste souvent en arriere, tandis que l'impudence & l'effronterie mênent presque toujours droit à la fortune ; mais j'entends venir quelqu'un, serait-ce ? . . .

## SCENE II.

FANNI, FABRIDGE,

FABRIDGE.

Quoi! ce n'est que vous, Mademoiselle Fanni ?

FANNI.

Moi-même, très-simplement, M. Fabridge, qui vous remercie, en passant, de votre honnête compliment : eh! qui vouliez-vous donc que ce fût ?

FABRIDGE.

Je ne voulais pas, je craignais seulement que ce ne fût mon Maître. Mais qu'avez-vous donc fait du petit Toni ?

FANNI.

Il dort.

FABRIDGE.

Et vous alliez de ce pas ?

FANNI.

A l'appartement de Madame.

FABRIDGE.

N'allez pas entrer chez Mylord ; il y a quelqu'un avec lui, je vous en avertis.

FANNI.

Je le sçais.

FABRIDGE, *d'un air myſtérieux.*

Et moi auſſi, puiſque je vous le dis. Vous avez vu ſans doute ici tantôt un certain homme, dont la mine ne revient point du tout ?

FANNI.

Je crois qu'oui.

FABRIDGE.

Hé bien, c'eſt celui-là qui a apporté cette lettre du matin.

FANNI.

Ah ! ah !

FABRIDGE.

Il faut, ma foi, qu'il ait bien des choſes à dire à notre Mylord, car il n'eſt pas encore ſorti.

FANNI.

Cela ſe peut.

FABRIDGE.

Et vous ne ſoupçonnez pas ? . . .

FANNI.

Non.

FABRIDGE (*à part.*)

J'enrage. Cette fille, je crois, me fera donner au diable, avec ſon air froid & ſon ton laconique.

FANNI (*à part.*)

Qu'un Valet curieux & bavard eſt un ennuyeux perſonnage !

FABRIDGE.

Que dites-vous donc-là ?

FANNI.

Ce qu'il me plaît.

FABRIDGE.

Convenons, Mademoiselle Fanni, que le Ciel s'est bien trompé quand il nous a fait tous deux ; car il m'a départi à moi toutes les qualités de votre sexe, & à vous celles du mien.

FANNI.

Convenons aussi, de bonne foi, M. Fabridge, que connaître ses défauts, & ne s'en pas corriger, c'est vouloir être toujours un sot.

FABRIDGE.

Grand merci, à mon tour : vous aimez fort, à ce qu'il me paraît, à donner des avis prudens, Mademoiselle Fanni ?

FANNI.

Encore, s'ils vous rendaient meilleur, M. Fabridge, moins curieux, moins indiscret ; mais c'est, je pense, peine perdue.

FABRIDGE.

Quelle honnêteté dans vos discours ! nous ferions bonne maison ensemble, car... vous m'enchantez, d'honneur.

FANNI, *sur le même ton.*

J'en suis bien aise aussi, en verité d'honneur, & pour vous en témoigner toute ma joie, je vous dirai encore, en passant, M. Fabridge, que j'aimerais mieux, je crois, garder le célibat toute ma vie, que de me mettre jamais en puiſſance d'un mari curieux, & qui ſe mêle toujours de ce dont il n'a que faire.

(*Elle ſort.*)

## SCENE III.

FABRIDGE *ſeul.*

Oh! la maligne femelle! reſter fille plutôt que de parler... il faut juſtement encore qu'elle ſe rencontre avec moi... oh! pour cette fois, c'eſt mon Maître : j'ai bien envie... quoi? de me faire chaſſer : non, parbleu, les temps ſont trop durs, rentrons.

(*Il ſort.*)

## SCENE IV.

LE LORD, LE BARON.

LE LORD.

Elise n'eſt point encore rentrée, cher Baron ; mais elle ne tardera point ſûrement.

LE BARON.

Plus je vois approcher l'inſtant de m'offrir à ſa vue, & plus je ſens mon courage s'affaiblir. Qu'eſt-ce que le crime devant la vertu ? Ah ! mon ami, je ne tremblais point, quand j'avais à ſupporter les regards de Lady Worſter.

LE LORD.

Que de maux cette femme vous a cauſés, Baron ! la malheureuſe qu'elle eſt !

LE BARON.

Hélas ! que la beauté eſt dangereuſe, quand, ſous de ſéduiſans dehors, elle voile l'ame la plus noire & le caractere le plus atroce ; & que l'homme, le plus en garde contre ſes traits, eſt bien peu sûr de lui-même !

LE LORD.

Autant votre Lady Worſter déshonore & fait honte à ſon ſexe, autant Éliſe en eſt l'ornement & l'honneur.

LE BARON.

Quelle femme j'ai outragée ! comme elle eſt embellie ! que ſa vertu la pare & la rend chere à mon cœur ! ah ! je n'étais point né, ſans doute, pour faire ſon malheur. Il faut, mon ami, t'avouer ma faibleſſe, mes erreurs, pour en rougir à tes yeux : j'aimais cette perfide Lady, oui, je l'aimais ; après l'abominable tour qu'elle avait voulu jouer à l'innocence d'Éliſe, où je participai moi-même, quoiqu'involontairement, où je manquai de perdre la vie, & qui me rendit depuis l'époux de la plus reſpectable des femmes, je n'aurais jamais dû revoir cette déteſtable Syréne ; mais il eſt des fatalités dans la vie, dont toute la prudence humaine ne ſçaurait nous garantir. J'étais marié depuis trois mois; furieuſe de cet hymen, Lady l'apprend, m'aſſigne un rendez-vous par un billet anonyme : ſans défiance, je m'y trouve, & je me vois dans les bras de cette femme violente... Je voulus fuir ; mais tout ce que l'amour a de plus paſſionné & d'énergique, l'emportement, les cris, les pleurs, tout fut employé pour me retenir.

LE LORD.

Elle y parvint ?

LE BARON.

Hélas ! oui. À la voix & aux larmes, feintes ſans doute, de cette Circé, entraîné, terraſſé par un charme impérieux, tel qu'un coup de foudre qui vient de le frapper, mon cœur, mon lâche cœur ſuccomba, ſe rendit ; & tout ce qu'il devait à l'honneur & à Éliſe, il l'offrit en ce moment à une femme hardie, qui n'avait pour elle que ſa beauté & ſa paſſion. J'étais hors d'état de réfléchir, & mes pas égarés, incertains, m'emportaient malgré moi. Je ne mis d'autre délai à mon départ pour la France avec Lady Worſter, que celui qu'il me fallut pour aller prendre chez moi une ſomme d'argent.

LE LORD.

Quoi, Éliſe ne vous vit pas ?

LE BARON.

Tout concourut à ma perte. Élise en cet instant était absente : peut-être que sa vue eût rompu l'enchantement ; peut-être que mon ame éprouvant une seconde faiblesse, plus heureuse que la premiere, aurait cédé : oui, je le crois, c'était une yvresse fatale, qui entretenait le sommeil de ma raison. Enfin nous partons ; dans quelles folles dépenses, dans quels égaremens m'a plongé Lady? Dès que cette femme capricieuse, & non moins dissipée, vit mon opulence fondre & disparaître, cette excessive tendresse se refroidit, s'éteignit, & le dégoût le plus extrême lui succéda.

LE LORD.

C'est la suite ordinaire de ces passions tyranniques .... Mais on vient ; c'est, sans doute, votre épouse .... oui, c'est elle-même ; retirez-vous, Baron, dans ce cabinet, d'où vous pourrez tout voir & tout entendre : vous paraîtrez, quand il en sera temps.

*( Il entre dans le cabinet. )*

## SCENE V.

ÉLISE, LE LORD.

ÉLISE.

Enfin, cher Lord, je vous trouve ſeul, & nous pouvons en liberté nous parler.

LE LORD.

Vous voilà? Eh! qu'avez-vous donc fait du Chevalier, ma bonne amie, où l'avez-vous laiſſé?

ÉLISE.

Il eſt allé faire quelques viſites dans le voiſinage, & n'a point voulu que je l'accompagnaſſe; il m'a ſeulement ramenée chez moi. Ah! mon bon ami, ſi vous ſçaviez tout ce que j'ai ſouffert aujourd'hui, & combien mon pere m'a fait de queſtions.

LE LORD.

Quoi, Madame, le Chevalier ſe douterait-il de quelque choſe?

ÉLISE.

Il faut croire... Je vous avais bien dit qu'il n'ajouterait guéres de foi à ce bruſque départ; cela lui donne matiere à mille idées, à mille ſoupçons...; il ſe plaint même de vous.

LE LORD.

De moi ?

ÉLISE.

Oui, Mylord : je ne ſçais ſi ſa plainte eſt bien fondée à votre égard, je ne le penſe pas cependant ; mais, pour la premiere fois, je crains bien d'avoir auſſi, de mon côté, un peu ſujet de m'en plaindre.

LE LORD.

Et vous auſſi, chere Éliſe ?

ÉLISE.

Je ſuis dans une inquiétude mortelle depuis cette lettre. Perſonne ne nous écoute.... là, convenez de bonne foi, mon bon ami, que vous nous avez déguiſé ce qu'elle contenait ?

LE LORD.

Il eſt vrai ; mais croyez que des raiſons eſſentielles m'y obligeaient pour le moment.

ÉLISE.

Je l'ai bien penſé ; & ce n'était auſſi qu'avec peine que mon cœur vous accuſait. Hé bien ? . . .

LE LORD.

Dans la circonſtance préſente, devais-je donc dire au Chevalier que par cette lettre je recevais des nouvelles de votre époux ?

ÉLISE.

De mon époux ?... Ciel ! est-il vivant ?

LE LORD.

Il est en Angleterre.

ÉLISE *vivement.*

Que me dites-vous, Lord, serait-il possible ? je n'ôse encore ajouter foi à ce discours. Ne me trompez-vous point ? Le Baron est en Angleterre.... Eh ! que ne revient-il à moi, je l'attends !

LE LORD.

J'ai déja donné les ordres les plus précis pour découvrir le lieu de sa retraite.

ÉLISE *avec feu.*

Oui, qu'on parcoure toute l'Angleterre... Ah ! cher ami, ayez pitié de la malheureuse Elise : pardon des peines que je vous donne ; mais je ne puis mieux me reposer du soin de ces recherches que sur vous-même : elles pourraient être vaines & infructueuses, de la part de ces gens que l'intérêt seul conduirait sur les pas de mon époux, & qui n'auraient pour le trouver ni mon cœur ni le vôtre. Est-il de guides plus sûrs que l'amour & l'amitié ? Courez, vôlez....

LE LORD.

Et si je parviens enfin à le rencontrer ?

ÉLISE.

Amenez-le moi sans hésiter.

LE LORD.

Oui ? Mais le Baron craindra peut-être....

ÉLISE.

Quoi ?

LE LORD.

Les justes reproches que sa conduite...

ÉLISE.

Qu'il n'en appréhende aucuns, je ne lui en ferai point ; & quand l'époux revient, c'est à l'épouse de lui pardonner. Le mien s'est égaré ; mais je ne puis croire que la perfidie soit descendue dans son cœur : oui, le Baron est faible, & vous me l'avez dit vous-même ; mais il n'est point ingrat, son caractere n'a pu changer : je le connais trop, non, il n'a pu devenir un traître ; s'il eût été moins sensible, il n'aurait pas été coupable... Ah ! peut-être l'infortuné a-t-il quelques raisons qui l'obligent de se taire ? courez, Lord, courez au-devant de lui ; vous l'entendrez : il dépôsera dans votre sein ce qu'il craint de dire à une épouse : pénétrez dans son ame ; trouvez lui quelque motif, quelqu'excuse, je les recevrai sans peine. Accordez ensemble & la paix de son cœur & ma tendresse.... trompez-moi, s'il le faut, je vous le pardonne ; mais rendez-le moi, au nom de ce que vous avez de plus cher : vous qui connaissez mon cœur & le sien, rendez-moi la moitié de moi-même.

LE LORD.

Je n'irai pas bien loin pour la chercher : Paraîssez, Baron, venez...

## SCENE VI.

LE BARON, LE LORD, ÉLISE.

ÉLISE.

Que vois-je ?

(*Elle tombe évanouie dans les bras du Lord.*)

LE BARON *aux genoux d'Elise.*

A tes pieds le plus repentant des époux ... Elise, ma chere Elise, toi que j'ai tant de fois offensée, voudras-tu me recevoir ?

ÉLISE (*revenue peu à peu à elle-même, & se précipitant dans les bras du Baron.*)

C'est toi, cher époux, c'est toi ? Ah ! si je n'ai pu mourir de la douleur de te perdre, je mourrai de la joie de te revoir.

LE BARON.

Quel moment ! tendre ami, ô ma femme .... Quoi ! je vous vois, je suis parmi vous, & je vous embrasse l'un & l'autre .... mon cœur se partage entre vous deux ?

ÉLISE.

Ah ! cher époux, que ne devons-nous pas aux soins de cette ame sublime !

LE LORD.

Le Ciel a exaucé mes vœux ; il vous rassemble, mes

amis, je ſuis bien récompenſé ; mais au ſein du bonheur, il pourrait être encore des maux à redouter pour vous, ſi le Chevalier, ſans être prévenu, venait à vous ſurprendre. Trop pleins l'un & l'autre de votre tendreſſe, & du plaiſir de vous revoir, c'eſt à moi de veiller encore à vous en garantir : ſoyez tranquilles, je vais tâcher de rejoindre le Chevalier.

ÉLISE.

Mylord, permettez un mot : de grace, faites-moi venir Toni.

LE LORD.

Vous allez être obéie.

(*Il ſort.*)

---

## SCENE VII.

LE BARON, ÉLISE.

ÉLISE.

Qu'il eſt peu d'amis comme celui-là !

LE BARON.

Vois à quel point mon cœur fut forcené ! ma jalouſe fureur a levé ſur lui un bras criminel : j'ai voulu l'immoler.

ÉLISE.

Immoler ton ami ?

LE BARON.

Comme le crime nous aveugle, ſur l'abîme où lui-même il nous plonge ! D'après les bruits qui s'en sont répandus, je l'ai cru ton époux : mon honneur s'est senti blessé ; il a été furieux. . . . mais, ô pouvoir de la vertu ! un mot du Lord m'a désarmé, un mot l'a disculpé de ses prétendus torts, pour aggraver encore les miens . . . . Élise, il me les a pardonnés tous.

ÉLISE.

Lui seul est capable d'un effort aussi grand.

LE BARON.

Seras-tu, chere Élise, moins généreuse que lui ? Comment me justifier devant toi ?

ÉLISE *avec sentiment.*

Point d'excuse ni de justification : tout est oublié, pardonné ; ne prononçons désormais d'autres noms que ceux de l'amour & de l'amitié.

LE BARON.

Femme charmante, femme vraiment adorable, plus tu l'accables de bontés, & plus ton époux doit s'avouer coupable : la vertu habite, respire dans ton cœur, & le remords vengeur tonne & déchire le sien.

ÉLISE.

Ma tendresse sçaura le bannir, cher époux, calmes-toi.

## SCENE VIII.

LE BARON, ÉLISE, FANNI *amenant* TONI.

ÉLISE.

APPROCHEZ, Toni, & venez embraſſer votre pere.

TONI.

Voilà mon papa ?

LE BARON *l'embraſſant.*

Oui, mon fils : cher enfant.

ÉLISE.

C'eſt le gage de ton amour, c'eſt l'unique fruit de notre hymen : qu'il ſerve à nous réconcilier à jamais.

LE BARON.

Ah! par ce nouveau nœud, tu m'attaches doublement à toi : tendre époux, fidèle ami, bon pere, que je vais vous aimer ! tout m'en fait aujourd'hui un devoir bien doux à remplir.

TONI.

C'était donc vous que maman pleurait tous les jours ?

LE BARON.

Oui, cher petit ami, c'eſt moi qui ai fait couler ſes pleurs : Dieu ! que je ſuis coupable ; la vue de cet enfant, ſes diſcours, tout ſemble ajouter encore à ma honte ; devant combien d'yeux, ô Ciel! j'ai à rougir ?

ÉLISE.

ÉLISE.

Eloignez-vous, Fanni; mon ami, dans un cœur né (*Fanni remene Toni.*) vertueux, la raison reprend toujours ses droits.

LE BARON.

Que de maux ignore une ame simple & pure !

ÉLISE.

La tienne désormais, crois-moi, va s'ouvrir à la tranquillité : voici le terme de notre infortune; tous mes malheurs sont finis, si tu m'aimes toujours, & si tu m'es fidèle. . . .

---

## SCENE IX.

ÉLISE, LE BARON, LE CHEVALIER.

LE BARON.

N'EN doutes point; jusqu'au tombeau je veux t'être fidèle, oui, & je te le jure ici......

ÉLISE, *l'interrompant.*

Je n'ai pas besoin de tes nouveaux sermens, je t'aime, te revois & crois tout, le passé est un songe. Je n'envisage que le bonheur qui me sourit, & qui se fixe à mes côtés.

LE CHEVALIER (*à part, au fond du Théâtre.*)

Qu'est-ce que cela veut dire, & que fait ici cet homme?

LE BARON.

En m'offrant à tes yeux j'ai craint d'abord de n'y lire qu'une tendresse affectée; mais je vois bien que ton cœur est sincere dans tous ses mouvemens, & que le caractere de ton amour est trop naïf, trop vrai pour pouvoir être feint.

ÉLISE.

Tu lui rends justice.

LE CHEVALIER, *de même.*

C'est quelqu'amant : voilà le nœud de l'intrigue & du départ.

LE BARON.

Chere Élise, si quelque chose, en ce moment, empoisonne la félicité que je goûte près de toi, c'est la crainte où je suis du vieux Chevalier.

LE CHEVALIER, *de même.*

Ils ne me sçavent point si près d'eux.

LE BARON.

Il est brusque, colère, violent....

ÉLISE.

Qu'avons-nous à redouter de lui ? Le Lord veille lui-même pour nous.

LE CHEVALIER, *de même.*

Fort bien.

ÉLISE.

Jouissons, sans allarmes, du bienheureux moment qui nous réunit : nous serons avertis de l'arrivée de mon pere...

LE CHEVALIER, (*du fond du Théâtre, l'épée à la main, fondant sur le Baron.*)

Non, perfide, fille indigne de moi; non, n'esperes pas que ton époux puisse soustraire à ma vengeance cet infame suborneur.

ÉLISE *se précipitant au-devant du coup.*

Ciel! ah! mon pere, mon pere, qu'allez-vous faire? voulez-vous tuer mon époux?

LE CHEVALIER *la repoussant rudement.*

Que dis-tu malheureuse?

ÉLISE *en jettant un grand cri.*

Arrêtez, arrêtez, mon pere, c'est lui-même.

---

## SCENE X & derniere.

LES PRÉCÉDENS, LE LORD, FABRIDGE, FANNI.

LE LORD.

Ah! Monsieur, quel emportement! & que faites-vous, Chevalier?

LE CHEVALIER.

Quoi, vous-même aussi, Monsieur? certes!

LE LORD.

Je vous ai cherché partout, pour vous dire.....

LE CHEVALIER *brusquement.*

C'est prendre trop de peine.

LE LORD.

Ecoutez-nous, Chevalier, & modérez-vous. Dans celui que votre fille défend, reconnaissez le Baron de Worms.

LE CHEVALIER, *avec emportement.*

Le Baron de Worms, raison de plus; ne me retenez point davantage.

LE BARON *d'un ton ferme.*

Hé bien, Monsieur, si vous voulez ma mort, il ne tient qu'à vous de frapper : ce cœur ne se défendra point contre vous.

LE CHEVALIER *considérant le Baron.*

Quels traits ! Ciel ! est-il possible ? Quoi je trouve mon libérateur dans le Baron : quoi ! c'est vous qui m'avez sauvé la vie ?

LE BARON.

Moi-même, j'ai eu ce bonheur.

ÉLISE *vivement.*

Et vous voulez la lui ravir, mon pere ?

LE BARON.

Les erreurs de ma jeunesse ont été considérables, je l'avoue ; mais sçachez qu'en adorant votre fille, je vous ai toujours chéri & respecté. Votre haine contre moi a pu être juste, Monsieur, elle ne le serait plus aujourd'hui : Élise a vu mes remords, Élise m'a tout pardonné. Il m'était, sans doute, impossible de renoncer à son cœur ; le choix dont elle m'avait honoré m'était trop précieux, & je ne l'aurais cédé à qui que ce fût.

LE CHEVALIER.

Je demeure immobile, anéanti.... qui, vous son époux?

LE LORD.

Oui, Monsieur. Nous vous avons, il est vrai, déguisé la vérité ; mais nous ne cherchions, dans ce mystere, qu'à épargner à votre ame sensible une image douloureuse. Élise vous a désobéi ; elle n'est point ma femme : vous ſçaviez notre amour pour elle : le Baron allait perdre la vie, déteſtant, abjurant une erreur trop funeſte ; & victime d'un cruel artifice : il demanda, pour toute grace, avant que d'expirer, de mourir avec le titre d'époux de votre fille. Elle eut d'abord peine à y conſentir ; mais je joignis mes prieres à celles de mon ami mourant : Éliſe donna ſa tremblante main, on les unit......

LE CHEVALIER, *bruſquement.*

On les unit ! Ciel !

LE LORD.

Il ſemblait que ce nom d'époux eût commandé à la mort de reſpecter celui qui le portait : trois jours changerent nos eſpérances en certitude ; le Baron eſt ſauvé, & il doit ce bonheur à la tendreſſe d'une femme pour laquelle il renaît au monde. Mais Éliſe, de ſon côté, ne pouvait ſe diſſimuler la démarche imprudente qu'elle avait faite ſans le conſentement d'un pere adoré. Je me propoſai moi-même, en qualité de médiateur, pour obtenir votre aveu, comme ſi cet hymen n'eût point été en effet accompli ; mais vous le refusâtes. Pendant ce temps, une ſeconde erreur du Baron l'arracha encore des bras d'une épouſe qu'il laiſſait enceinte .... vous nous mandez alors votre retour d'Eſpagne . . .

LE BARON *l'interrompant avec feu.*

Et dans cette ſituation délicate & terrible, un ami héroïque, un ami comme il y en a peu, a bien voulu ſervir de voile, pour ſauver l'honneur à votre fille, & la ſouſtraire à votre inimitié.

LE CHEVALIER *au Lord.*

Qu'entends-je ? Voilà donc la cause de ces absences de nuit ?

LE LORD.

Oui, Chevalier : mon respect pour Élise ne s'est jamais démenti ; il fut égal à mon amour.

LE BARON.

Je n'ai rencontré que des cœurs généreux qui m'ont aimé : je possede une amante, un ami ; il ne me reste plus qu'à gâgner le cœur d'un pere ; il m'est dû, s'il consulte ma vénération pour lui, mon repentir & ma tendresse.

LE LORD *au Chevalier.*

Le sentiment nous justifie quelquefois au moment où il nous égare. Il est cruel, sans doute, pour une ame vertueuse d'affliger l'auteur de ses jours ; mais pardonnez cette faute à vos enfans, ils vous seront à jamais soumis.

LE BARON *aux pieds du Chevalier.*

Oui, croyez-en mon ami : je ne puis vivre avec votre haine, & seriez-vous le seul qui s'opposât à notre félicité ?

ÉLISE, *de même.*

Faites grace à mon époux : hélas ! je suis plus coupable que lui, puisque j'ai pu vous désobéir.... mon pere, vous vous attendrissez !

LE CHEVALIER.

Dieu ! qu'allais-je faire : quels combats s'élevent dans moi-même ? O Lord ! homme vraiment rare, il ne m'est pas possible de t'égaler jamais en générosité... quels sacrifices n'as-tu point faits à l'amour & à l'amitié ? il faut t'en faire un aujourd'hui de mon ressentiment... Relevez-vous, mes enfans, & embrassez votre pere.

LE BARON.

Mon pere ?... c'est de ce jour, ô Ciel ! que je te loue de mon existence.

FABRIDGE, *bas à Fanni.*

Oh ! je ne suis plus surpris...

LE CHEVALIER.

Restez, Lord, restez parmi nous, il me sera doux de pouvoir couler mes derniers jours au milieu de cœurs qui sçavent si bien aimer.

LE BARON.

Oui, cher ami, ne nous quittes pas, acheves ton ouvrage : la pratique des vertus me deviendra plus familiere, t'ayant sans cesse sous les yeux pour modèle.

ÉLISE.

Généreux Lord ! sans vous, cette félicité, que nous vous devons, ne peut être parfaite.

LE LORD.

Eh ! c'en est une aussi pour moi que de vous obéir : oui, mes amis, j'accepte vos offres. (*au Chevalier, en lui montrant le Baron.*) Chevalier, voilà le porteur & le sujet de la lettre de ce matin.

LE CHEVALIER.

Bon ? Plus de départ donc pour les Colonies. Hé bien, mes enfans, vous voyez que le bonheur en ce monde n'est pas un Etre chimérique, & qu'on peut le rencontrer : devenir bon citoyen, avoir une femme vertueuse, un ami sincere, c'est jouir de sa réalité.

*FIN.*

www.ingramcontent.com/pod-product-compliance
Ingram Content Group UK Ltd.
Pitfield, Milton Keynes, MK11 3LW, UK
UKHW021624260726
13994UKWH00003B/1062

9 782329 447964